내 안에 자갈이 굴러

지혜사랑 316

내 안에 자갈이 굴러

이은숙 시집

시인의 말

이왕 이 길로 들어섰으니 계속 가보렵니다.

2025년 여름에
이은숙

차례

시인의 말 ... 5

1부 가위바위보

임대차 계약서 ... 12
가장 ... 13
가위바위보 ... 14
말 한마디 ... 15
감옥 ... 16
비대면 ... 18
걱정 ... 20
등짝 한 대 ... 21
등대 ... 22
따로따로 ... 23
휴지 ... 24
그러니까 ... 25
미치광이풀 ... 26
장마전선 ... 27

2부 진하해수욕장

진하해수욕장 ──────────── 30

답장 ──────────────── 31

생일 ──────────────── 32

올갱이국 ─────────────── 33

그때 다 받은 ─────────── 34

김밥 터지는 소리 ───────── 35

칼국수 ──────────────── 36

군치원 ──────────────── 37

모자 ──────────────── 38

아들 승! ──────────────── 39

완패 ──────────────── 40

역휴 씨 ──────────────── 41

그때 그 시절 ─────────── 42

보조개 ──────────────── 43

3부 내 안에 자갈이 굴러

아침	46
자주	47
결단	48
사춘기 돌고 사추기 휘돌아	49
악몽	50
잠꼬대	51
내 안에 자갈이 굴러	52
그 여자	53
때밀이	54
닮아서	55
폭설	56
하나 마나 한 말	57
거울아 거울아	58
고질병	59
열대야	60

4부 투망

깜빈 ———————————————— 62
비법 ———————————————— 63
정음관 ——————————————— 64
유람선 ——————————————— 65
잠자리 안경 ————————————— 66
비닐장판 위의 딱정벌레 ——————— 67
투망 ———————————————— 68
가면 ———————————————— 69
두 귀 ———————————————— 70
결단 ———————————————— 71
도파민 ——————————————— 72
꽃샘바람 —————————————— 73
바람 바람 바람 ———————————— 74
에스컬레이터 ———————————— 75

해설 • 삶의 울림, 언어의 기억 • 송재일 —— 77
— 이은숙 시집 『내 안에 자갈이 굴러』

- **일러두기**

    페이지의 첫줄이 연과 연 사이의 띄어쓰기 줄에 해당할 경우 >로 표시합니다.

1부
가위바위보

임대차 계약서

고층아파트로 이사 와
낮에는 금강을 바라보고
밤에는 쏟아지는 별들 초대하고
계절마다 베란다에 꽃나무 키워 숲을 가꾸었지

남편 퇴직에
집을 팔아야겠다는 결심을 했지만
사겠다는 임자가 나타나지 않아 전세 놓기로 했지

임대차 계약서를 썼지

어디부터 비울까?
내 안의 금강부터 비울까
밤마다 쏟아진 별을 모아둔 거실부터 비울까
아니면 꽃들과 대화하다 뛰어 들어가던 서재부터 비울까

계약서만 쓰면 좋겠다던 맘은 사라지고
뭉개진 감정이 심장을 콕콕 찌른다

情 놓고 다니는 이사
얼마나 더 돌고 돌아야 떨어질까?

발의 힘이 풀린다

가장

해가 중천에 뜨도록
침대 끝에서 끝으로 구르는 아침

고목이 된 사내가 옆에 있다

등산복 잘 차려입고 오르던 설악산에서
발 삐끗하여 굴러떨어지려 할 때 손을 잡아주던
팔뚝 굵은 남자의 손이 따뜻해서 놓지 못하고
우연을 인연에 꿰고 온 지
삼십 년

그 사이 설악산 바위처럼
단단한 두 아들도 두었는데
거목일 때는 매달려도 흔들리지 않던 사내
고목이 되니 마파람에도 흔들린다

그 고목
얼굴에 쏟아지는 아침햇살을 두 손으로 가려 준다
눈 시리지 않게

가위바위보

토요일이면 장바구니 넘치도록 장 봐다
국이며 반찬이며, 상다리 부러지기 직전까지 차린다

주말에만 얼굴 보는 남의 편인 당신
한 주일 수고했으니 기운 내라고
오늘도 밥상 차린다

가끔은 석양빛이 물든 곳에서
혀끝 찬탄하는 밥도 먹고
주말이니 한 끼 건너뛰고도 싶은데

집밥이 그리웠다며
이 반찬 저 반찬 젓가락이 뜀뛰기를 하니
설거지통에서 손을 못 빼는
나

낼모레면 육십이라 여기저기 쑤시기 시작했으니
남의 편을 내 편으로 바꿔야 하나

내가 바꿔야 하나
당신이 바뀌어야 하나

가위바위보

말 한마디

아이 낳으러 갈 때 수술하다 피가 부족하면 수혈받아야 한다는 의사 선생님의 말에 어릴 적부터 뼈에 가죽만 붙어 헌혈 신청하면 매번 거절당한 나는 남편의 헌혈 증서를 몽땅 다 챙겨 들고 갔다 수술대에 올라 무통마취에 제왕절개로 무사히 큰아이 낳고 수술비의 한 부분을 헌혈 증서로 대신하고 퇴원해 친정엄마의 산간 받으며 겨우 몸 추스르던 중에 시어머니의 말 한마디에 집으로 돌아왔다

난 오전에 애 낳고 오후에 밭 매러 갔다.

감옥

코로나 바이러스에
근육통과 고열을 앓고
처방 없어 하얀 마스크를 쓴다

마스크로 덮어 눈만 보이는 얼굴로 외출하고
핸드폰 안전 문자에 환자 동선과 단골식당이 겹치면
심장은 박자 없이 뛴다

비대면 강의로
학생들은 캠퍼스를 떠나고
다 자란 아들은 나무늘보처럼 늘어져 있다

감옥은 날마다 고열로 가득 차
각 호실마다 큰 소리로 저항한다

불량 주부였던 나도
장롱 속 이불을 반듯하게 개고 뒤집힌 양말 바로 펴고
제멋대로인 반찬통 정리하고
창문 먼지를 털고 또 털고

없는 일 만들어 정리하고 닦아내다 보니
깨끗해진 감옥

\>
난
날마다 탈옥을 꿈꾼다.

비대면

시아버지 제삿날
마스크를 벗고 시어머니와 시동생 내외가 왔다

코로나로 밀린 강의에 살림 손 뗀 지 몇 달
제사 준비와 대청소로 분주하다

시어머니는 어둔 눈이라 청소 안 해도 모르는데 깔끔이 동서가 청소를 해도 먼지를 찾아낸다 그 곁에서 눈치 빠른 시동생은 연신 도와줄 거 없냐 묻고 남편은 오랜만에 본가 식구들 모였다고 칠칠하다

떡 사고
전도 사고
나물반찬도 샀다

혜 포 전 채 과일
어둔 눈을 치켜뜨고 빠진 거 없나 살피는 시어머니
사 온 줄 알면서도 음식 만드느라 고생했다 치켜세우는 동서
사든 말든 수다만 떠는 남편과 시동생

제사상 위에 얹힌

어깻죽지와 허리에서 내가 파열되는 소리가 크다

비대면이 그리워지면 안 되는데
왜 자꾸 그리워지지?

걱정

 주말 아침이 지나도록 당신이 오지 않아 전화하니 한참 울려도 받지 않다가 다 죽어가는 목소리로 새벽부터 몸이 시름시름하다가 오전 지나자 몸이 사골 끓듯 펄펄 끓어오르고 편도도 부어 말하기 불편하단다 열 떨어지면 오겠다고 해 오후 내내 당신 모르게 당신 열 떨어지기만 기다렸는데 다 늦은 저녁에 전화가 왔다 열이 열불 나 당신도 열불 난다며 주말 잘 보내란다 주말부부 삼십 년이니 그러려니 할 수도 있는데 가슴에서 자꾸 소리가 난다.

등짝 한 대

술을 저승까지 지고는 못가도 먹고는 간다며 다 마셔 없애기로 한 당신 드럼통 같은 몸에 밤새 술을 퍼붓고 아침에 출근 대신 퇴근한다

허구한 날

집으로 돌아오는 길 어지럽게 흔들리면 길바닥에 새벽을 깔고 염치없이 안방처럼 누워 이승과 저승을 넘나들다가 저승을 토해내고서야 오기도 하지만 그 옛날 내 할아버지를 보는 것 같아 이러지도 저러지도 못하고 바라보기만 하다가 오늘은 급기야 등짝 한 대 후려쳤다

당신을 버리고는 못가니 패서라도 데리고 가겠다고

등대

　등대처럼 서서 바라보는 당신 든든해서 마음을 주었고 그 마음 안에선 당신의 몰염치도 연민으로 다가왔는데 당신의 늦은 외출이 잦을수록 쓸쓸히 무너진 나는 거울 밖의 사람처럼 무표정이 되어갔지 당신에 대한 불안은 의심의 탑이 되어 혈 막힌 몸이 마구 떨렸지 별리가 다가올수록 우리는 해무 속에서 멀어지는 서로를 바라보았지

　서로의 등대를 등지고

따로따로

막내 시동생 결혼식 올리고 신혼여행 보낸 후 관광버스 시골집에 도착해 마을 사람들 다 내리고 버스 떠난 자리엔 그릇들만 수북하다

허리 휘어지도록 뒷정리하는데 시누이는 일하는 척 엎드렸다 일어섰다만 반복하며 내게 일의 속도가 느리다고 핀잔이다 집안의 대소사를 큰 며느리인 내가 다 치르느라 진 빠지고 허리 휘고 다리가 붓는 중인데 시어머니는 막내아들이 자신의 속을 다 가져갔다며 엉엉 소리 내 울고 있다

나는 어디 가서 엉엉 울어야 하나

휴지

연말연시에 휴지만 사러 다녔다

일 년 동안 잘 풀지 못한 일을 깨끗이 닦아내고 다가올 일 년은 술술 풀리길 바라며 집 근처 마트를 돌아다니며 사 온 휴지를 보니 상표도 각양각색이다 쿨샵 잘 풀리는 두꺼운 화장지, 모나리자 플라워, 우리 집 코디 행복 가득

같은 사람도 그때그때 다르고 문화도 다르고 같은 일이지만 받아들이는 마음 정도에 따라 다르다고, 강의하던 생각이 나 피식 웃었다

휴지 뜯어 콧물부터 닦으며

그러니까

　식구들 한 방에 다 모여 자고 앉은뱅이 나무 밥상에 둘러앉아 쇠그릇에 밥 먹는 것이 당연하던 중학교 시절 신발 장사로 떼돈 번 부모를 둔 친구 집에 놀러 갔다가 응접실의 소파와 피아노 식탁 위의 유리그릇과 유리잔 그리고 벽에 걸린 커다란 선박 액자를 보고 눈이 휘둥그레져 주눅이 들었지만 기죽기 싫어 억지로 태연한 척 평소보다 목소리 톤을 올려 명랑한 척하고 돌아오다 가난을 몹시 원망했던

미치광이풀

　미치도록 보고 싶은 당신이 생각날 땐 미치광이풀 찾아 산으로 갑니다 미치광이, 미치광이 산으로 갑니다 아픈 무릎 보호대에 맡기고 굵은 나뭇가지 하나 주워 툭 툭 잘라 지팡이처럼 짚고 갑니다 미치광이풀을 하나 뜯어 물고 미친 것아 미친 것아 중얼거리며 온 숲을, 아니 미치도록 보고 싶은 마음을 헤집어놓고 내려옵니다

　미치광이처럼

장마전선

큰일 벌일 듯 휘몰아치는 바람과 물 폭탄 쏟아지는
게릴라성 비, 유리창 건너편 세상을 지우는 장마

평생 반지하방에 살면서 북상한다는 장마전선 뉴스에
벽에 걸어둔 보트를 내려 닦는 사람이 있다 아무리 저어
도 지하 생활에서 벗어나지 못했지만 보트라도 타고 있어
야 희망의 끈을 잡을 수 있다고

2부
진하해수욕장

진하해수욕장

여름방학 때면
5남매 입에 거미줄 칠까
진하해수욕장으로 장사 나가시던 아버지 따라
나도 갔지

밤이면
언니 오빠들 조개껍질 발에 묶고 바다를 손끝으로 튕기며
청춘의 한여름 밤을 위해 밤바다를 깨우곤 했지
부서지는 흰 파도처럼

여름방학 내내 해수욕장에서
낮에는 모래놀이로 방학을 무너뜨리고
밤에는 불빛 밝힌 아버지 가게에 쭈그리고 앉아 언니 오빠들 구경했지

방학 끝나 돌아오면
온몸이 시커멓게 탄 나를 원시인 같다며
엄마는 목욕탕 이태리타월로 피멍 들도록 빡빡 문질렀지

아버지 떠난 지 39년
오늘도 나는 아버지와 진하해수욕장에 갔지.

답장

　사우디로 떠난 아들 책상 앞에 앉아 원두로 갈아 만든 아메리카노 한 잔을 마시며 덥고 낯선 땅에서 엄마를 생각하고 있을 아들을 생각한다 코스모스 피는 가을이 되면 온다는 아들이 보고 싶어 핸드폰에서 코스모스를 찾다 원두커피 식기 전에 *아들 보고 싶어!* 카톡을 보내자 커피 다 식고 난 후 답장이 왔다

　애들처럼 보채지 마세요
　여기 많이 더워요.

생일

생일날 아침

카카오톡 선물함에 커피 쿠폰 HOT하게 쌓이고 여러 개의 케이크 쌓이고 간간이 카카오 페이로 현금이 쌓인다 친정 식구들 축하 메시지에 어깨 으쓱해지고 입가에 절로 미소 생길 때 엄마 생일이라고 큰아들 학교 끝나고 고속버스 타고 고속으로 달려오고 작은아들 아껴둔 쌈짓돈 꺼내 한정식을 예약한다 처음 먹어보는 한정식도 아닌데 아들 둘과 마주 앉아 먹는 생일 밥에 눈물 맺힌다

고단한 시절에도 이 악물고 흘리지 않은 눈물인데

올갱이국

챙 넓은 모자 눌러쓴 채
물살을 더듬는 엄마

거센 물살에도 흔들림 없는 두 다리와 손은 얼마나 빠른지 돌 사이를 날쌔게 훑고 엄마 열 개 건질 때 나는 한 개도 못 찾고 물속 돌만 뒤집다 지쳐 강가로 나와 돌멩이로 소꿉놀이하며 시간을 넘기고 엄마는 무섭지도 않은지 어느새 깊은 물 끝까지 들어가 한 소쿠리 가득 올갱이를 건져 올리고 젖은 몸을 달궈진 돌 위에 맡기며 며칠 국 걱정 없다는 듯 입 꼬리 살짝 올라간 엄마

다섯 손가락 다 꼽는 날 내내 올갱이국만 먹겠지
입을 삐죽 내밀며 수저 내려놓는 동생들의 얼굴
물빛에 흩어진다.

그때 다 받은

표지판 속도대로 친구들 다 시집갈 때
나는 만혼의 버스에 올라타 한 번 유산 끝에 아들 둘을 낳았지

세상 떠나갈 듯 기뻐
과속으로 키우려 했지

일 핑계로 학원 차량에 올라타라고 하고
아슬아슬 반항하는 모습에 흠칫 놀라기도 했지

철들면서 아들 둘이 나의 보호자가 되어 주었고
군대 제대 후 나보다 더 어른이 되었지

학업 마치고 직장에 다니는 지금
이제는 출구로 가는 기차를 태워야 할 시간
잠시 눈 감았다 뜬 것 같은 27년

아들 둘을 키우며 울고 웃던 날들
평생 받아야겠다고 다짐한 효도를
그때 다 받은 거였네.

김밥 터지는 소리

쏟아지는 잠 쥐 패며 일어나 새벽부터 계란지단 부치고 당근 채 썰어 볶고 깻잎에 참치 넣고 매운 고추 단무지에 따순 밥까지 김에 꾹꾹 말아 아들 좋아하는 김밥 마는데 옆에서 아들이 입에 김밥 꾹꾹 쑤셔 넣으며 영어시험지 정답 맞혀보는데 틀린 답이 맞는 답보다 더 많다고 한다

터지는 엄마 속은 속도 아닌 줄 아는
아들

칼국수

밥이 전부인 시절
홍두깨 칼국수 끓여 낼 때마다
국수 장사해도 되겠다 하시던 아버지

석유곤로에 불붙여
땀방울 섞인 칼국수 한 그릇 끓여 내면
입천장 뜨겁다 하시며 어머니에게 그릇을 밀었지

젓가락으로 휘감아 후– 후– 식혀드리면
도돌이표 연주하듯 드시던 아버지

비 오니 한 그릇 먹자!
밥 먹기 어중간하니 간단히 먹자!
콩가루 들어가야 제맛이라며 콩가루 심부름 보내시던 아버지

마주하고 있어도 그리운
칼국수 먹던 고향집 툇마루를 휘저어 본다

칼국수 한 그릇 드시러
저만치서 오시는 아버지

군치원

　군대 가기 무섭다던 아들이 영장 나와 입대하더니 권총 사격 1등 했다고 휴가 나오고 한국사 1급 땄다고 나오고 표창장 받았다고 나오고 돌아서면 나오는 휴가에 군대를 보낸 건지 여행을 보낸 건지 몰라 물구나무 선 가을 하늘에게 물어보니 요즘 군대는 군치원이라 틈만 나면 집에 보내고 수시로 부모와 폰 연락해야 한단다

모자

　감성 언어 사용하는 엄마와 논리 언어 사용하는 아들이 아침부터 충돌하여 엄마는 빽— 소리부터 지르고 아들은 시계를 보며 버스 시간을 계산한다 아들이 시외버스 놓칠까 유성터미널까지 데려다주겠다며 차 키를 들고 주차장으로 향하지만 차 안에서 감성적인 엄마와 논리적인 아들이 다시 충돌한다 충돌의 가시를 서로 찔리지 않으려 조심하지만 도돌이표 모자

아들 승!

 그날그날의 모서리에 부딪혀 마음에 피멍 드는지도 모르고 정신없이 일주일 보내고 맞이한 휴일 시간은 많은데 무슨 일을 해야 할지 몰라 오전 다 보내고 오후에는 아들 주위만 맴맴 돌다가 잔소리 좀 그만하라는 핀잔 얻어먹고 빨개진 얼굴로 멋쩍은 웃음 삼키며 시나 써야겠네! 하며 서재로 향했다

 아들 승!

완패

   고기 짬뽕 시켜놓고 고기 골라내는 나를 보고 아들이 *어머니 편식하지 마세요* 한다 순간 젓가락질 멈추고 고기 냄새를 좋아하지 않아서, 짬뽕 속 살점이 어른거려 돼지에게 미안한 마음이 들어서, 아니 아니 나는 원래 채식주의자였다고 핑계를 대자 아들이 *네네, 어머니 편식이 심하니 쭈글쭈글 할머니 된 거예요* 한다 오늘 아침 거울 보며 *할머니 같네* 라고 혼자 중얼거린 소릴 들은 모양이다

   완패다

역휴 씨

역휴 씨 환갑 맞아 가족들 몽돌해수욕장에 모여 튜브 타고 파도 넘기 했지 파도 넘을 때마다 신나하던 역휴 씨 비행기를 타고 싶다 했지 아홉 번의 파도를 넘기면 비행기를 타기로 했지

여섯 번째 여름이었지 거친 파도가 유난히 힘겨웠는지 역휴 씨 십이지장궤양으로 병원에 갔다가 영영 돌아오지 못했지 십이지장궤양은 오진이었지

아직 파도타기도 세 번 남았는데
비행기도 타야 하는데
더 이상 같이 갈 수 없는

역휴 씨,

그때 그 시절

원두막 아래

한여름 움켜쥔 수박이 아버지 옆에 줄지어 서있고 초록 들녘에서 술래잡기하는 바람을 구경하며 어머니가 이고 온 감자와 옥수수를 먹는다

초록이 소나기처럼 쏟아지고 게으른 염소 울음소리에 풀벌레가 박자를 맞출 때 개구쟁이 막내는 삽살개를 몰고 나온다

여름 원두막에 그리움을 입히자 젊은 할머니 할아버지가 느린 걸음으로 걸어 나오고 중학생 삼촌 이모가 뛰어 나온다.

보조개

 어릴 적 웃을 때 보조개가 예쁜 친구가 부러워 엄마에게 나도 보조개 만들어 달라고 졸랐지만 엄마는 태어날 때 보조개가 없으면 새로 만들 수 없다고 했다 나는 그 말을 믿지 못하고 막무가내로 떼를 쓰다가 궁리 끝에 뾰족한 나뭇가지로 피가 나도록 볼을 긁어 보조개를 만들려고 했다 *보조개야 제발 생겨라* 긁어낸 상처 지금 흉터로 남아 사람들이 있는 복도 *날아가겠다고* 말한다

3부
내 안에 자갈이 굴러

아침

    방울토마토를 엑스트라버진 올리브오일에 굴려서
    삶은 계란과 버무리는
    아침

    마른 체형인데도 무릎은 뚝. 목은 뒤로 젖힐 때마다 뚝. 뚝. 팔은 돌리려고만 해도 뚝. 뚝. 뚝. 그렇게 기름기 빠진 갱년기가 뚝. 뚝. 뚝. 뚝

    세상 변화보다
    더 빨리 변하는 몸의 변화에
    부지런히 방울토마토와 계란을 쟁여놓지만
    효과는?

    그래도 나를 버릴 수 없다고
    냉장고에서 방울토마토와 계란 두 알을 꺼내는
    아침

자주

　삶이 징검다리 두드리며 건너다 멈춰 서서 연둣빛 잎사귀 수놓은 물속 바라보다 뒤로 되돌아갈 수 있을까 싶어 뒤돌아보다 꽃게 집게다리처럼 허공을 물었다 놨다 하다 도마뱀 꼬리처럼 툭툭 잘리기도 해

　약국에서 마데카솔 분말 사다 잘려 나간 삶의 꼬리에 톡톡 뿌려 상처를 다독이기도 한다
　자주

결단

 백내장으로 희미해진 날을 보내다가 내가 희미해져 안경원으로 안과로 빙글빙글 돌았다 돌면서도 더러운 꼴 안 보고 싶다고 여러 번 수술을 미루었는데 요즘 들어 남편도 아들도 흐릿해지는 게 조만간 뵈는 게 없을 것 같아 오늘은 서둘러 병원으로 향했다.

사춘기 돌고 사추기 휘돌아

심장이 꽃불이던 사춘기 부임 오신 총각 선생님, 선생님이 맡았던 학성공원에 새벽 빗자루를 들고 나가던 사춘기 *은숙이 이른 새벽 청소하러 왔니?* 말도 못하고 목덜미까지 붉어져 호랑나비가 되었던 사춘기 햇살 쏟아지는 운동장에서 테니스 치는 선생님을 응원하느라 목이 쉬던 사춘기

지나

청소기로 집구석 먼지 닦는 사추기 유튜브 보며 허리통증 교정 요가 따라 하는 사추기 외출할 때마다 신용카드나 자동차 키를 놓고 나오는 사추기 영양제 한 주먹에 하루를 의지하는 사추기 계모임에서 재테크 얘기만 나오면 귀가 커지는 사추기

지나

헐렁해진 반지처럼
사춘기 돌고 사추기 휘돌아 내가 가네

악몽

  출판사에서 시집 나왔다고 보내와 숨 고를 새 없이 펼쳐 보니 첫 시집에 실렸던 시들이 그대로 실려 있고 비문과 오타에 잘했다 해설 대신 오로지 비판 비판 비판이다

  출판사에 보낸 원고를 아무리 떠올려 봐도 기억나지 않는다 기억들이 머리 감을 때 하수구로 쓸려 내려간 걸까?

  이건 분명 잘못된 거야
  다 수거해서 폐기 처분해야 돼

  발버둥 치다 깨보니 꿈이다 꿈에서 깨니 받아놓은 창작 지원금 시한이 시신경을 타고 전두엽을 때린다

  또 악몽

잠꼬대

　해바라기꽃 만발한 들녘 나 예뻐! 나 예뻐! 다양한 포즈로 사진 찍다가 흙더미에 미끄러져 넘어졌다 깔깔대는 주위 사람들 시선에 얼른 일어나기 부끄러워 마냥 앉아 있는데 누군가 손을 내민다 고개 들어 바라보니 핸섬한 얼굴에 환한 미소의 한 남자 내 손을 잡으며 *어서 일어나세요* 한 손은 잡혔으니 나머지 한 손으로 엉덩이를 털며 이게 웬 떡인가? 싶은 얼굴로 *감사합니다 감사합니다!* 인사하는데 *엄마 웬 잠꼬대를 그렇게 하세요* 아들이 흔들어 깨운다.

내 안에 자갈이 굴러

내 안에 자갈이 굴러다녀

앉았다 일어날 때 자갈 소리 나고 자갈은 오른쪽 종아리에서 무릎으로 구르다 허벅지를 지나 허리로 굴러 의자에 앉을 때도 소리가 난다 소리가 클수록 앉을 수도 설 수도 없어 몸을 돌돌돌 말아 던지고 싶다

자갈의 소멸을 위해 이 방법 저 방법 다 써보았지만 소용없다 남편이 아끼는 장식장의 수석으로 내 몸의 자갈을 으깨겠다고 이곳저곳 마구 쳤다

깨지거나 말거나 이에는 이! 눈에는 눈!

그 여자

계절과 계절 사이로 비 내리고

낮잠 한잠 자고 난 오후까지 한기가 돌아 간절기에 입겠다고 사놓은 새 트렌치코트를 그냥 놔둘 수 없어 꺼내 입고 이 미모 사라지기 전에 입고 맘껏 돌아다녀야지
외출해서 당당히 걷다가 쇼윈도에 비친 어깨 굽어 내려앉고 두리뭉실한 중년의 낯선 여자에 흠칫 놀라 주위를 둘러본다

나 말고는 아무도 없다.

때밀이

 때 미는 기술을 때밀이는 어디서 배웠을까? 내가 아무리 밀어도 나오지 않던 때가 때밀이가 때타올 낀 손을 탁탁 두 번 치고 밀기 시작하면 그동안 지은 죄 모두 씻겨나가듯 뚝뚝 떨어지고 빡빡 문지른 자리마다 죄 씻기고 돌아온 맑은 영혼이 부끄러워하듯 불그스레해진다 때밀이는 전생에 죄를 사하는 신神이었나보다.

닮아서

단풍이 절정인데
앞사람 뒤통수만 보이는 설악산

만원 버스에 치이듯 가을 등산객에 치여
발을 헛딛기도 앞사람 뒤꿈치를 밟기도 한다

떨어진 단풍 더미에 사라진 길을 두리번거리다
나의 길도 뒤돌아본다

갈래 길에선 블랙홀에 빠지기도 했던
간절한 악수로 유연하게 방향을 바꾸기도 했던
어느 하루도 맘 놓고 풀어놓지 못하고
달리기만 했던 삶

중년이라는 이정표 앞에서
닳아 없어진 손금처럼 단풍 더미에 놓친
두 길을 번갈아 본다

닮아서

폭설

밤새 눈이 내린
영하 15도의 아침

출근 시간 늦어 차 끌고 나갔다가 고속도로에서 발목 잡혀 오가도 못하고 덜덜 떨며 앉아 울다가 핸드폰 들고 *누구 나 데려가 줄 사람 없나요* 전화하다 꽝꽝 언 차 버리고 꽁꽁 얼어붙은 몸으로 오 킬로미터 걸어서 **빠져나온** 톨게이트

폭설로 사람이 으르렁거리며 개처럼 울고 짖는

하나 마나 한 말

빌릴수만있다면빌려온시간아끼고아껴가며맘껏뛰놀고
마음구겨지지않는어린이되었다가조바심내지않고겁내지
않고편견없는청소년되었다가세상눈치보지않고맘껏사랑
하며오늘한끼걱정하지않는이십대되었다가

지금으로 돌아오면
나는 내가 아니겠지.

거울아 거울아

　끌리는 사람에게 끌린다고 말하지 못하고 가슴앓이하다 손끝으로 튕긴 맘이 너무 많아 용기 내 고백하려는데 내 고백엔 빛이 없어 어둠을 걷어내고 그 위에 환한 빛 얹히고 고백하기 전 마음 다잡으며 거울에게 물어본다

　거울아 거울아 내가 고백해도 되겠니?
　거울이 얼굴 비춰주며 *너 자신을 알라!* 한다

　우리 집 거울은 소크라테스다.

고질병

친구들이랑 몽돌해수욕장 지나다 *참새가 방앗간 지나치는 것 봤어?* 횟집을 그냥 지나칠 순 없다고 아나고회에 소주 한 잔 하자 했지 어디서든 먹고 싶은 건 먹어야 한다고 배를 두드리며 얇은 지갑에서 신용카드를 꺼내 호기롭게 척척 서명을 했지 카드 값 연체되어 쩔쩔매면서도 척척 버릇은 고쳐지지 않았지

죽기 전엔 고쳐질까
척척

열대야

한여름 잠 못 이루고 이리저리 뒤척이다가 수면양말 신고 잠을 청한다 수면양말을 신자 이내 잠은 들었다 얼마 지나지 않아 발이 답답해서 깨어났다 샤워라도 해야 살것 같아 수면양말과 잠옷 벗어던지고 목욕탕으로 들어가서 씻고 나오니 시원은 한데 잠은커녕 두 눈이 말똥말똥하다 수면양말 벗으면 잠이 안 오고 신으면 이내 깨는 것이

착한 남자와 나쁜 남자 사이에서 갈피를 못 잡던 나 같다

4부
투망

깜빈

영화관 스크린에서나 봤던 깜빈을 학교 교실에서 만났다

깡마른 몸 해진 잠바를 입고
까만 피부에 초점이 흩어진 눈
너덜너덜한 동화책을 읽을 때마다
고래 이야기를 했다

고래 등 타고 베트남으로 가고 싶다고

깜빈은
어둠을 지우고 싶을 때마다
엄마가 알려준 숫자를 손가락으로 접으며 고래를 탄다고
고래는 멈추지 않고 달려가 엄마를 만나게 해
오줌 쌀 시간도 없는데

할머니가 흔들어 깨워
갑자기 엄마와 헤어지느라 고래 등을 놓쳤다고

축축해졌다고

비법

　동학사 '이뭐꼬'에서 골뱅이무침 시켜 먹는데 새콤달콤한데다 말아놓은 국수가 붇지도 않고 탱글탱글하여 주방장에게 만 원짜리 한 장 콕 찔러주며 국수가 잘 삶아졌다고 국수 삶는 비법을 물었다 주방장이 잠시 주위를 살피더니 자신만의 비밀인 양 국수 삶을 때 식용유 한 컵 넣고 삶는 게 비법이라며 다시 주변을 두리번거린다

　그게 비법이라니
　만 원 돌려달라고 할 뻔했다.

정음관

정음관에 아침 빛 내리쬐면
어르신들 스마트 폰 활용법 배우러 와요

교수였던 분
건설회사 대표였던 분
미국 국적이라 회원 가입이 어려운 분
재테크 전문가로 통장마다 돈이 꽉꽉 차 있다는 분

정보가 유출될까 봐 전화만 받는다는 분에겐 들고나는 문을 잘 알아야 유출이 안 된다고 문을 알려주고요 젊은 사람처럼 스마트 폰으로 버스를 타고 싶어 하는 분에겐 예쁜 색깔의 삼성페이를 넣어 줘요

알려주는 정보를 노트에 깨알같이 적고 적어요
뒤돌아서면 노트만 남는대요

일 년 지나
스마트 폰으로 촬영한 영상을 편집해요
프레젠테이션으로 젊은 세종시를 홍보해요
사물인터넷으로 끄지 않고 나온 가스 불을 꺼요

어르신들 이제 스마트해졌어요

유람선

거제항 여객터미널

줄지어 탑승하는 승객 사이로 음악 소리 흥겹다 시간 맞춰 뿌아앙 뿌아앙 물살 가르는 유람선

선장의 입담에 풀어진 등산복 차림의 아저씨들 무대인사도 없이 엉덩이 흔들며 스테이지로 몰려나오고 매점에서 갈매기 새우깡 사던 아주머니 음악을 부적처럼 몸에 휘감고 나온다 팔순 할아버지가 청년 되고 육순 아줌마가 소녀 되어 아이돌처럼 팔다리를 흔드는 스테이지

흥에 취해 돌고 돌아 통영항에 도착하니 다 핀 봄이 와락 안긴다.

잠자리 안경

잠자리 안경이 유행하던 시절

좋아하던 가수의 잠자리 안경이 멋있어 시력이 나빠졌다는 핑계 대고 엄마 비상금 털어내 잠자리 안경을 샀지

안경이 얼굴보다 커서 얼굴을 다 덮어도 마냥 좋았던 잠자리 안경을 쓰고 여름방학 포항으로 떠난 성당 산간학교

장기자랑 시간에 잠자리 안경에 청자켓 입고 다리를 떨며 *불터*를 불러 인기상을 탔지

나는 전영록이 되었지.

비닐장판 위의 딱정벌레*

이봐요 에레나 무얼하나 종일토록 멍하니 앉아 어떤 공상 그리할까

고등학교졸업후진학도못하고취업도못해하루하루멍한눈으로고민하며친구가한말도까먹고내가한말도까먹고전에한말도까먹고아까한말도까먹을때유일하게까먹지않았던노랫말

에레나의 하나뿐인 친구가 딱정벌레였다면
그 딱정벌레의 유일한 친구가 나였던

* 인순이의 노래 제목

투망

마음속 헛간에
영희 철이 미숙이랑 천렵했던 투망이 걸려 있다

길거리 버스킹 연주를 보며 그날의 시냇물을 보았고
바이올린 선율 따라 떼로 몰려다니는 송사리 떼를 만났다

맑은 얼룩처럼
콘크리트댐에 수몰된 물소리 따라
흰머리가 늘어날수록 희미해져 가도 버리지도 잊지도 못할
그 시절

해 그림자 지도록 건설 현장 굴삭기로 굉음을 파다가
검은 눈동자에 해 그늘 길게 들어서면
추억의 투망을 던진다

첨벙첨벙
끊임없이 재잘대며
영희 철이 미숙이가 천렵을 한다

송사리 떼 사방으로 튀어
추억의 투망을 친다.

가면

　미향이는 가면을 쓴 얼굴이었지 명랑함 뒤에는 누가 볼까 숨겨놓은 미향이가 있었지! 절망 들키지 않으려는 표정에 익숙해 시시때때로 튀어나오던 미향이의 그늘을 알아채지 못했지! 고등학교 입시를 함께 치르고 입학식에서 미향이를 찾았지만 미향이는 보이지 않았지! 단짝이던 미향이를 그렇게 잃어버렸지!

　몇 년 후에야 오빠들 공부 시키느라 가면을 벗은 채 공장으로 갔다는
　소식 들었지
　소식만 들었지

두 귀

　입에서 툭 튀어나온 한 사람의 말이 내 어깨를 후려치고 내려가다 날카로운 비수가 되어 심장에 꽂혔다가 틈만 나면 온 마음을 휘젓고 돌아다니며 나를 파헤쳐 죽을 지경인데 친구가 뜨거운 칼국수 한 그릇 사주며 사람에겐 한 귀로 듣고 다른 한 귀로 내보내라고 귀가 두 개 있는 거란다

　귀를 만져 본다
　두 개 다 붙어 있다.

결단

   동네 언니들 데리고 온 정원은 미술관 명화처럼 아름다웠다 그 정원을 구석구석 구경하다가 분수대 안에 소원 비는 돌탑에 다들 동전을 던졌다 나도 던졌는데 분수대 밖으로 떨어졌다 옆에 있던 한 언니가 그것도 딱딱 못 맞추느냐며 핀잔을 준다 나이 먹은 언니들을 내 차로 운전해 좋다고 소문난 곳을 다니기 시작할 때는 나를 치켜세우더니 시간 지나자 만만한 종그래기가 되었다 이거 해라 저거 해라 그것도 못하느냐 이제 종그래기 깨질 일만 남았다 오늘은 통쾌한 결단을 하고 언니들 떼놓고 혼자 돌아왔다

   차 안이 꽤나 쾌적했다.

도파민

　우린 쌍둥이처럼 너무 닮아 서로 끌렸지 푸른색을 좋아했고 흐르는 피의 방향이 같았고 담장 아래 매달린 붉은 장미처럼 뜨거움의 열정도 같았지 그래서 그랬나 꽃불 사이의 거리 조절에 실패해 인정 없는 인정 위에 서게 됐지 그럴수록 상처가 나고 그늘이 생겼지 우리는 처음으로 되돌아가 보았지 도파민이 교란되어 있었던 거야 그것도 모르고 우린 처음부터 너무 빨리 달렸던 거야.

꽃샘바람

앙상한 잡목 우거진 숲에서 튕겨 나온 바람은 심술쟁이 늦은 저녁 행인들은 옷깃을 여민다

세탁소에 맡겼던 겨울 외투를 다시 찾게 하고 샘 많은 바람은 봄옷 입은 사람들을 질투한다

꽃도 아닌데 내 입 코에 꽃샘추위는 사정없이 날아들어 편도의 불바람 되어 날이 새도록 이마로 목덜미로 옮겨 탄다.

바람 바람 바람

   바닥에 남은 미련을 닦아내고 싶어 급식소 바닥을 닦으며 당신과 나눴던 달콤한 시간까지 닦는다

   거울에 비친 표정까지 닦아내도 지워지지 않는 한때의 당신

   지드래곤의 '영원한 건 절대 없어'를 반복해서 들려주던 당신은 이별을 준비하고 있었던 거야 그걸 모르고 나 홀로 사랑의 스토커 되어 떼를 썼지만 당신은 바람 바람 바람

   나는 체념이 되어
   밑바닥의 미련을 박박 닦아내고 있다
   아직도

에스컬레이터

울산에 백화점 생겼다고? 처음 가 본 주리원백화점

제 스스로 올라가고 내려가는 계단, 처음 본 에스컬레이터 앞에서 오르내리는 사람들을 한참 바라보았다 슬금슬금 앞으로 다가가니 해바라기같이 키 큰 언니가 유니폼 입고 두 손을 들어 올리며 *올라가세요?* 마른침 꼴깍 삼키며 작은 키에 촌년처럼 뻘건 얼굴로 *예* 에스컬레이터에 올라타다가 걸려 넘어졌다

주리원백화점에 다시는 가지 않았다.

해설

삶의 울림, 언어의 기억
― 이은숙 시집 『내 안에 자갈이 굴러』

송재일 문학평론가, 공주대 명예교수

삶의 울림, 언어의 기억
— 이은숙 시집 『내 안에 자갈이 굴러』

송재일 문학평론가, 공주대 명예교수

1. 내면의 체험, 그 글쓰기 작업

시인은 왜 시를 쓸까. 그것은 언어의 아름다움을 다루기 위해서일 수도 있고, 삶에서 받은 감정을 정제하고 기록하기 위해서일 수도 있다. 그러나 어떤 시인에게는 그것이 '절실함'이 된다. 이은숙 시인은 첫 번째 시집 『그 여자, 캄캄한 달빛』(세종마루시선005, 심지, 2021.)을 냈다. 이어 두 번째로 낸 시집 『내 안에 자갈이 굴러』는 그런 절실함의 증거다. 시인은 시집 제목처럼 '내 안에 자갈이 굴러' 불편하고, 무겁고, 아프기 때문에 시를 쓴다. 그것은 몸속에서 사라지지 않고 마모되지 않는 감정의 파편들이다. 이 시집에 실린 시편들은 그런 내면의 돌기를 닦아내는 작업이자 자신과 세계를 이해하고 화해하려는 고요하고 단단한 시적 시도이다.

이은숙 시인의 시는 '기억된 삶'이 '형상화된 언어'로 다시 태어나는 과정이다. 시집 『내 안에 자갈이 굴러』는 단순한 창작을 넘어 내면에서 침전된 체험을 끌어올리고 언어화하는 필연적 작업의 결과다. 이 시집의 시편들은 삶 속에서 마주한 관계의 갈등, 일상에 스며든 고단함, 세월이 만든 상실과 회한 등을 진솔하게 기록한다. 시인은 이 언어 작업을 통해 기억과 감정을 질료로 삼아 자신을 객관화하며, 삶을 다시 받아들이고 이해한다. 그의 글쓰기는 고통을 통과한 언어의 치유이며, 동시에 '말할 수 없었던 것'에 대한 해명이다.

이 글에서 이은숙 시인이 체험의 언어라는 형식을 통해 '의미 있는 전체'로 어떻게 정리하고 표현하는가, 시를 쓰는 행위를 통해 자기 자신의 삶을 어떻게 이해하고 회복하는 과정을 보이는가, "당신도 이런 감정을 겪었나요?"라는 무언의 질문이 시 속에 어떻게 도사리고 있는가를 곰곰이 뜯어보자.

2. 여성의 서사와 실존의 언어화

이은숙 시인의 시들은 한 여성의 평범하고도 치열한 삶을 섬세하고 진솔하게 담아낸 서사시처럼 읽힌다. 가족, 결혼, 노년, 코로나, 세대 갈등, 가난, 그리고 여성으로서의 자기희생과 고단함까지 언어의 플래시로 탐색한다. 그의 각 시는 마치 삶의 한 장면을 담은 짧은 에세이 같고,

때로는 진솔하게 쓴 일기처럼 아리다.

   등대처럼 서서 바라보는 당신 든든해서 마음을 주었고 그 마음 안에선 당신의 몰염치도 연민으로 다가왔는데 당신의 늦은 외출이 잦을수록 쓸쓸히 무너진 나는 거울 밖의 사람처럼 무표정이 되어갔지 당신에 대한 불안은 의심의 탑이 되어 혈 막힌 몸이 마구 떨렸지 별리가 다가올수록 우리는 해무 속에서 멀어지는 서로를 바라보았지

   서로의 등대를 등지고
   ―「등대」 전문

   이 시는 결혼 생활의 긴 여정, 그 중에서도 의심과 무너짐, 냉소와 정서적 이탈이라는 감정의 모든 스펙트럼을 응축한다. 여기에서 '등대'는 단지 공간적 상징이 아닌, 관계의 의무와 의미를 비추는 감정의 기호다. "당신의 몰염치도 연민으로 다가왔지"와 "거울 밖의 사람처럼 무표정이 되어갔지"에서는 상대방에 대한 실망을 드러내지만, 동시에 자기 안의 무기력, 감정의 소진, 타자화된 자아까지 드러낸다. 여기에서 '자아 반성' 개념이 구조적으로 드러나고 있음을 알 수 있다.
   이 시는 단지 한 쌍의 부부의 문제가 아니라 오랜 시간에 걸친 부부 관계의 역사, 중년 이후의 정서 소외와 관계 해체를 그렸다. 이는 시적 화자의 감정의 '지리학'과 '시간성'이 동시에 담긴 텍스트다. "서로의 등대를 등지고"에서 관계는 서로를 비추는 빛이었지만 결국은 반대 방향을 바

라보게 된다는 허무와 결혼 생활의 긴 여정에서 '등대'조차 무력해진다는 뜻으로 읽힌다. '등대를 등진'다는 상징은 수많은 사람들의 관계 종결, 혹은 감정적 단절의 순간과 겹쳐진다. 이 공감성은 시를 단지 '이별'이라는 사적 문제로 축소시키지 않고, 인간 존재의 고립으로 확장시킨다.

다음 시는 삶의 구체적 경험이 언어로 형상화되는 과정을 보여준다. 시인은 수술과 출산, 수혈이라는 '신체의 기억'을 담담하게 나열하며, 남편의 헌혈증서를 마치 생존의 조건처럼 들고 간다. 그러나 그 극적인 고통 이후 그녀를 찌르는 건 한마디 말이다.

아이 낳으러 갈 때 수술하다 피가 부족하면 수혈받아야 한다는 의사 선생님의 말에 어릴 적부터 뼈에 가죽만 붙어 헌혈 신청하면 매번 거절당한 나는 남편의 헌혈 증서를 몽땅 다 챙겨 들고 갔다 수술대에 올라 무통마취에 제왕절개로 무사히 큰아이 낳고 수술비의 한 부분을 헌혈 증서로 대신하고 퇴원해 친정엄마의 산간 받으며 겨우 몸 추스르던 중에 시어머니의 말 한마디에 집으로 돌아왔다

난 오전에 애 낳고 오후에 밭 매러 갔다.
—「말 한 마디」 전문

'말 한마디'는 시의 제목이자 고통의 실체다. 이 시적 화자는 제왕절개 수술로 아이를 낳고, 남편의 헌혈증서를 끌어안고, 산후조리를 마치기도 전에 '말 한마디'에 무너진다. 그 말은 "난 오전에 애 낳고 오후에 밭 매러 갔다."

는 시어머니의 발화다. 이 단순한 진술은 화자의 존재와 경험을 무화하고 그녀의 말할 권리를 침묵시킨다.

이 시에서 며느리는 고통의 언어를 말하지 못하는 화자다. 시의 마지막을 차지하는 것은 시적 화자의 말이 아니라 시어머니의 말이다. 이 시에서 말의 주체는 권력을 가진 자 즉 시어머니이며, 고통의 주체인 화자는 발화권을 박탈당한다. 또한 시어머니는 같은 여성임에도 불구하고 가부장제 구조에서 남성적 권위를 내면화하고 재생산한다. 시어머니는 '나는 강했다'는 서사를 통해 며느리의 고통을 '약함'으로 환원하고, 그 말 한마디로 여성 간 연대를 차단한다.

이 시에서 화자의 신체적 경험은 시적 화자의 것이다. 그러나 그 경험에 대한 의미 부여와 판단은 시어머니의 말에 종속된다. 시어머니의 말은 "나는 더 강했다"는 자랑이 아니라 사실상 화자의 고통을 무의미한 것으로 식민화하는 언어의 폭력이다. 이 말 앞에서 시적 화자는 몸은 말하려 하나 말은 꺼내지 못한다.

그렇다면, 이 시는 결국 침묵을 기록한 텍스트일 뿐인가? 아니다. 이 시는 오히려 말할 수 없는 자의 언어를 되찾기 위한 시작이다. 화자는 시어머니에게 말로 대응하지 못했지만 시로 기록함으로써 말할 수 없었던 경험을 전언傳言한다. 시는 그 자체로 침묵을 깨뜨리는 해방의 언어다. 시의 마지막 행은 시적 화자의 말이 아니라 시어머니의 말로 끝나지만 시 자체는 화자의 목소리로 구성되어 있다. 우리는 그 말을 따라 읽고, 공감하고, 기억한다. 그 순간, 침묵은 언어가 되고 억압은 고백이 되며, 시인은 더 이상 말할 수 없는 자가 아니다. 이 시는 개인의 기록이면서 동시에 우리 모두가 짊어지는 감정의 유산이다. 이 시는 결국 우리에게 묻는다. "이 말 한마디, 당신도 기억하고 있느냐"고.

다음 시에서 우리는 상실의 기록과 기억의 비움으로써 '임대차 계약서'에 서린 존재의 무게를 읽어낼 수 있다.

고층아파트로 이사 와
낮에는 금강을 바라보고
밤에는 쏟아지는 별들 초대하고
계절마다 베란다에 꽃나무 키워 숲을 가꾸었지

남편 퇴직에
집을 팔아야겠다는 결심을 했지만
사겠다는 임자가 나타나지 않아 전세 놓기로 했지

임대차 계약서를 썼지

어디부터 비울까?
내 안의 금강부터 비울까
밤마다 쏟아진 별을 모아둔 거실부터 비울까
아니면 꽃들과 대화하다 뛰어 들어가던 서재부터 비울까

계약서만 쓰면 좋겠다던 맘은 사라지고
뭉개진 감정이 심장을 콕콕 찌른다

情 놓고 다니는 이사
얼마나 더 돌고 돌아야 떨어질까?

발의 힘이 풀린다
―「임대차 계약서」전문

　이 시는 퇴직 후의 삶, 집이라는 물리적 공간을 비우는 과정 속에서 일어나는 정체성의 해체와 재구성을 다룬다. 시적 화자는 "어디부터 먼저 비울까"라고 자문하면서 "내 안의 금강부터 비울까/ 밤마다 쏟아진 별을 모아둔 거실부터 비울까/ 꽃들과 대화하다 뛰어 들어가던 서재부터 비울까"와 같이 단지 물건이 아닌 자기 존재의 일부들을 나열한다.
　이 시는 삶의 흔적이 고스란히 녹아든 장소에서 시간이 지워지고, 기억이 매각되는 감정을 보여준다. 문학이 단지 감정을 전달하는 장르가 아니라, 시간의식을 담는 구조다. 이 시는 바로 그 시간의식, 즉 삶을 축적하고 잃는 과정에서 탄생하는 감정의 흐름을 시적으로 재현한다. 계약서에 사인하는 행위가 펜 끝이 아니라 심장을 찌르는 것처럼 느껴질 때, 시는 언어와 감각이 교차하는 진실의 층위에 도달한다. 독자는 이 공간의 상실을 물리적 이사로만 느끼지 않는다. 이는 정체성과 기억, 시간의 거처가 붕괴되고 있는 실존의 위기다. 이 시는 바로 잘 다듬어진 '경험의 해석학'이라고 할 수 있다.
　이은숙 시인의 시에서 시적 화자는 반복해서 고통을 받지만 침묵하지 않고, 손상되지만 기록하고, 지워지면서도 남기려 한다. 이는 삶을 이해하고 해석하는 언어 행위로서의 시 창작 작업이다.

시 「가장」에서 '고목이 된 사내' "단단한 두 아들도 두었는데… 이제 부드러운 마파람에도 흔들린다." 삶의 오랜 동반자인 남편을 나무에 비유하며, 세월에 무너지는 인간의 모습과 함께 '가장'으로서의 위엄과 쇠약함을 대비한다. 끝엔 햇살을 막아주는 손길로 남편의 다정함을 짚으며, 연민과 애정이 교차하는 시선이 느껴진다. 시 「가위바위보」에서는 "남의 편을 내 편으로 바꿔야 하나/ 내가 바꿔야 하나/ 당신이 바꿔어야 하나"와 같이 부부 관계의 미묘한 거리, '주말부부'라는 설정 속에서 관계의 주도권과 피로감이 잘 드러난다. 일상은 한쪽의 희생으로 꾸려지지만, 그 균형은 늘 '가위바위보'처럼 요동친다. 시 「비대면」에서는 "제사상 위에 얹힌 어깻죽지와 허리에서 내가 파열되는 소리가 크다" 같이 가족 간의 역할과 피로, 감정노동이 낱낱이 드러난다. '비대면'이라는 단어는 단순한 코로나 시대의 상황이 아니라 시어머니-며느리-남편-시동생 간의 정서적 단절까지 함의한다.

시 「걱정」에서는 "가슴에서 자꾸 열불 나는 소리가 난다"와 같이 남편의 무관심과 소통 부재가 '체온'과 '감정의 온도'로 은유된다. 기다리는 이의 마음은 늘 불타고 있는데 전해지는 건 '열 떨어지면 전화할게' 뿐이다. 시 「등짝 한 대」에서 "당신을 버리고는 못가니 패서라도 데리고 가겠다고"라는 문장에서 사랑과 분노, 절망과 희망이 동시에 담겨 있음을 알 수 있다. 술에 무너지는 남편을 향한 미움 속에서도 여전히 '함께 가고 싶은' 마음이 살아있다. 그 모순이 이 시의 핵심이 아닐까. 시「따로따로」는 앞에서 언급한 시「말 한 마디」와 궤를 같이한다. "나는 어디 가서 엉엉 울어야 하나"라는 구절에서 가부장제 속에서 시적 화자인 큰며느리의 역할은 고단하기만 하다. 다 떠난 잔치 후 그릇만 남은 현실, 그 앞에서 아무도 그녀의 아픔을 묻지 않는다.

　이 시편들은 고통 속에서 피어난 일상의 시학이다. 시인은 아주 섬세한 감정 묘사와, 날카로운 현실 인식, 그럼에도 유머와 체념을 잃지 않는 삶의 언어로 자신의 세계를 짚어낸다. 특히 여성이자 아내, 며느리, 엄마로 살아가는 존재의 다층적 고단함을 여실히 드러내며, 그 안에 숨겨진 자기 연민과 연대의 가능성을 암시한다.

　시는 삶을 해석하는 또 하나의 도구다. 내면적 진실성, 역사적 맥락, 자아 성찰의 깊이가 시의 본질이다. 이은숙 시인은 시형식보다 개인의 목소리와 감정의 진실성을 더 중시한다. 감정은 꾸며지는 순간 거짓이 된다. 이은숙 시인의 시들은 감정의 '날것' 상태를 유지하려는 특징이 있다. 이 시인은 가부장적 질서 속 여성으로서의 자아의 위치를 철저히 인식하며 서사한다. 또한 그의 시에서 시적 언어를 현학의 감옥에서 해방시키고 있다. 즉 그의 시들은 의도적으로 문어체와 시어를 회피하고 생활 언어로 시를 구성한다. 이은숙 시인의 시는 자기만을 이야기하면서도 사회 전체를 고발한다. 따라서 그의 시는 개인의 서사를 빌려 보편적인 여성의 서사, 나아가 한국 중산층 여성의 목소리를 대변한다고도 할 수 있다.

3. 삶의 언어, 기억의 시학

이은숙 시인의 시에는 풍부하고 다채로운 삶의 경험이 고스란히 녹아 있다. 가족·세대·자연·기억·성장 등의 주제들을 작은 일상 속에서 촘촘하게 구현하고 있다. 구체적인 이미지와 생활어의 사용, 세대의 겹침과 기억의 소환, 가족 중심의 감정 동역학, 몸과 일상의 삶의 언어화 등의 시적 특징을 보인다.

여름방학 때면
5남매 입에 거미줄 칠까
진하해수욕장으로 장사 나가시던 아버지 따라
나도 갔지

밤이면
언니 오빠들 조개껍질 발에 묶고 바다를 손끝으로 튕기며
청춘의 한여름 밤을 위해 밤바다를 깨우곤 했지
부서지는 흰 파도처럼

여름방학 내내 해수욕장에서
낮에는 모래놀이로 방학을 무너뜨리고
밤에는 불빛 밝힌 아버지 가게에 쭈그리고 앉아 언니 오빠들 구경했지

방학 끝나 돌아오면
온몸이 시커떻게 탄 나를 원시인 같다며

엄마는 목욕탕 이태리타월로 피멍 들도록 빡빡 문질렀지

　　아버지 떠난 지 39년
　　오늘도 나는 아버지와 진하해수욕장에 갔지.
　　―「진하해수욕장」 전문

　이 시는 아버지와의 기억, 체험의 상징화를 하고 있다. 시적 화자는 "여름방학 내내 해수욕장에서/ 낮에는 모래놀이로 방학을 무너뜨리고/ 밤에는 불빛 밝힌 아버지 가게에 쭈그리고 앉아 언니 오빠들 구경했지" 이 시는 기억된 체험의 언어화라는 핵심 사유를 보여준다. '해수욕장'이라는 구체적 공간은 단순한 풍경이 아니라 부성父性의 표상이자 삶의 한 시절을 관통하는 정서적 무대이다.
　"방학을 무너뜨리고"라는 구절은 시간적 질서를 재배치하는 시적 전략으로, '내면적 시간의 흐름'을 반영한다. "아버지 떠난 지 39년/ 오늘도 나는 아버지와 진하 해수욕장에 갔지."라는 마지막 행은 기억의 현재화, 즉 시공간의 주름 속에 감정이 어떻게 지속되는지를 보여준다. 즉 '방학을 무너뜨리고'와 39년이 지난 지금도 아버지와 함께 간다는 표현은 단지 서정적인 회상이 아니라 시간의 응축된 체험으로 기능한다. 이는 체험이 시간 속에 사라지는 것이 아니라 해석을 통해 현재에 되살아나는 실재이기 때문이다. 특히 "아버지 떠난 지 39년"이라는 시간은 시 공간을 균열시킨다. 또한 이는 과거와 현재가 대비되며 '상실의 무게'가 정서적 여집합처럼 남는다. 그러므로 시「진하해수욕장」은 단순한 유년의 회고가 아니라, 아버지의 생계와 가족의 여름이라는 삶의 감각적 기억이 구체적인 장소와 연결되며 시간과 정서를 복원하는 시다.

    사우디로 떠난 아들 책상 앞에 앉아 원두로 갈아 만든 아메리카노 한 잔을 마시며 덥고 낯선 땅에서 엄마를 생각하고 있을 아들을 생각한다 코스모스 피는 가을이 되면 온다는 아들이 보고 싶어 핸드폰에서 코스모스를 찾다 원두커피 식기 전에 *아들 보고 싶어!* 카톡을 보내자 커피 다 식고 난 후 답장이 왔다

애들처럼 보채지 마세요
여기 많이 더워요.
  ―「답장」 전문

    이 시는 시적 화자와 아들 사이의 거리와 감정의 간극이 드러난다. 시적 화자인 엄마는 이국땅에 있는 아들을 향한 그리움에 젖어 있다. '아들 책상 앞에 앉아' 커피를 마시는 행위나 커피 잔에 어른거린다는 표현에서 아들에 대한 그리움이 얼마나 간절한가를 알 수 있다. 그래서 "코스모스 피는 가을이 되면 온다는 아들, 핸드폰에서 코스모스를 찾다 원두커피 식기 전에 아들 보고 싶어! 카톡을 보낸다." 시적 화자는 '보고 싶다'는 감정을 일상의 기호들인 원두커피와 코스모스와 연결시켜 간접표현 방식으로 드러낸다.
    그러나 '덥고 낯선 땅에서 엄마를 생각하고 있을' 아들이라는 시적 화자인 어머니의 기대는 말 한 마디에 여지

없이 무너진다. 아마도 시적 화자는 "어머니, 저도 어머니가 보고 싶어요."라는 아들의 답장을 기대했을 것이다. 하지만 "애들처럼 보채지 마세요."라는 아들의 무표정한 응답에 의해 시적 화자의 아들에 대한 그리운 감정은 좌절되고 만다. 이는 독자로 하여금 감정의 이해를 절실하게 요청하는 장치로 기능한다.

 이 시는 모성과 아들 간의 감정 온도차와 세대적 감각의 차이를 촘촘하게 드러낸다. 감정은 언어화되어도 반드시 전달되지는 않는다. 이러한 '이해의 실패' 또한 예술이 다루어야 할 정서적 현실이다. 이 시는 그러한 실패를 잔잔하지만 깊은 감정으로 재현된다. 시 「모자」에서 엄마와 아들의 갈등도 마찬가지다. 소리 지르는 엄마와 논리적인 아들 사이의 충돌은 극적인 사건이 아니라 매일 반복되는 삶의 리듬이자 감정의 마찰이다. 여기서 시인의 시적 표현은 사건보다 감정을 드러내는 데 집중되어 있다.

 다음 시는 '나만의 기억'을 생생히 지닌 구체적 소재로 이루어져 있지만, 그 안에서 독자가 공감할 수 있는 가족의 흔적, 일상의 위로와 아픔이 공유된다.

 밥이 전부인 시절
 홍두깨 칼국수 끓여 낼 때마다
 국수 장사해도 되겠다 하시던 아버지

 석유곤로에 불붙여
 땀방울 섞인 칼국수 한 그릇 끓여 내면
 입천장 뜨겁다 하시며 어머니에게 그릇을 밀었지

젓가락으로 휘감아 후– 후– 식혀드리면
　　도돌이표 연주하듯 드시던 아버지

　　비 오니 한 그릇 먹자!
　　밥 먹기 어중간하니 간단히 먹자!
　　콩가루 들어가야 제맛이라며 콩가루 심부름 보내시던 아
　　버지

　　마주하고 있어도 그리운
　　칼국수 먹던 고향집 툇마루를 휘저어 본다

　　칼국수 한 그릇 드시러
　　저만치서 오시는 아버지
　　ㅡ「칼국수」 전문

　이 시는 음식의 정서적 기억화와 존재의 원점 회귀를 선명하게 보인다. "홍두깨 칼국수 끓여 낼 때마다/ 국수 장사해도 되겠다 하시던 아버지"다. 이 시는 음식이라는 감각의 통로를 통해 가족의 기억과 정서적 유대를 드러낸다. 어쩌면 예술이 삶의 감각을 되살려야 하지 않을까? '입천장 뜨겁다 하시며', '후– 후– 식혀드리면'과 같은 표현은 후각과 촉각의 시적 연합으로 감정의 리얼리티를 높인다.

　한편 "칼국수 한 그릇 드시러/ 저만치서 오시는 아버지"는 상실을 환영으로 바꾸는 시적 기법이다. 삶과 죽음, 기억과 실재는 시인의 내면에서 교차하며 아버지를 다시 '이쪽으로' 불러낸다. 이 시는 예술의 기능으로써 시간을 초월한 체험의 보존과 현재화를 수행한다. 부모와 자식으로 이어지는 칼국수를 끓여먹는 장면은 '가족의 맛'이라는 정서적 결속을 보여준다. '입천장 뜨겁다 하며'라는 묘사는 단순히 맛이 아닌 감정의 체온까지 전달하면서 시적 리듬을 만든다. 이 시는 과거와 현재는 단절되지 않고, '지금'이라는 시간대에서 회상과 선형적 시간이 공존한다. 이로써 일상의 순간들이 '삶의 한 조각'이 아니라 '삶의 전체'가 된다.

　위 시들처럼 구체적 이미지와 생활어 사용, 세대의 겹침과 기억의 소환, 몸과 일상의 삶의 언어화는 이은숙 시인의 시편들에서 어렵지 않게 찾을 수 있다.

　제2부의 시편들은 여성 화자의 생애 전체를 관통하는 고단한 노동, 가족과의 정서적 얽힘, 세월과 함께 소거되는 기억과 남겨지는 흔적을 진솔하게 담아낸다. 이 시들 속 시적 화자는 어머니이자 아내이며 며느리이고, 때로는 딸이며 또래 여성이자 한 인간이다. 그리고 이 화자는 타인의 삶을 재현하는 것이 아니라, 자기 삶을 증언하고 재구성한다. 유산과 두 아들의 출산(「그때 다 받은」), 여름날의 해변(「진하해수욕장」), 김밥을 싸던 새벽(「김밥 터지는 소리」), 수저를 놓는 동생들(「올갱이국」), 카톡 답장을 기다리는 어머니의 마음(「답장」)까지 이 모든 장면은 시인의 '개인적 경험'이자 인간적 체험이다. 이 체험은 단순히 회상되지 않는다. 시적 언어로 재구성되며 감정이 응축된다. 그러나 이 표현은 과장되지도, 심미적 장식에 치우치지도 않는다.

김밥이 터지고(「김밥 터지는 소리」), 고기 짬뽕에서 고기를 빼는 모습과 잔소리에 '아들 승!'(「완패」)이라 외치는 순간은 모두 진짜 살아본 사람이 아니면 쓸 수 없는 언어들이다. 또한 출산, 노동, 손수 끓이는 국, 김밥 말기 같은 신체의 시간과 힘, 피로와 위로가 곧 시의 주제가 된다. '몸으로 기록된 일생'이 진솔하게 드러난다.

  시는 체험의 기록이자 타자와의 이해의 공간이다. 독자는 이 시들을 통해 화자의 삶을 이해하는 방식을 배우고, 나아가 자신의 체험과도 연결 지을 수 있다. '나도 그랬지', '엄마도 그랬겠지', '우리는 모두 그렇게 살아왔지'라는 이해의 연대가 시 읽기 중에 자연스럽게 발생한다. 「생일」, 「김밥 터지는 소리」, 「그때 다 받은」, 「역휴 씨」 같은 시들은 가족이라는 공동체 안에서 사랑과 고통이 어떻게 얽히며, 시간이 지나며 그것이 어떻게 회한 또는 이해로 전환되는지를 보여준다. 특히 「그때 다 받은」의 마지막 구절 "그때 다 받은 거였네"는 타인의 효도나 보답을 기다리기보다 이미 받은 사랑을 스스로 재인식하는 해석의 순간이다. 이는 과거 체험의 현재적 이해다. 또한 「아들 승!」이나 「완패」는 유머와 자기 해학을 통해 세대 간 긴장과 갈등을 그리면서도 결국은 관계의 지속성과 사랑의 내재성을 드러낸다. 이는 감정의 순간이 개인의 내면에 머무르지 않고 공동적 이해로 확장되는 구조이다. 이 시편들은 삶의 흔적들을 버리지 않고 붙들어 말로 만드는 작업이다. 세밀한 온도와 맥박을 살아 있는 언어로 담아냄으로써 독자가 자신의 기억과 자연스럽게 연결되도록 유도한다.

5. 삶의 흔들림, 그 회복의 언어들

  이은숙 시인의 어느 시를 보아도 삶의 표현으로 시인의 주관적인 체험과 내면세계가 드러난다. 한 편 한 편이 따뜻하면서도 아린 감정들을 정갈하게 붙잡아 두고 있다. 각각의 작품은 짧은 에피소드 속에 인물의 삶과 사회의 풍경, 그리고 지나간 시간의 흔적들을 섬세하게 담고 있다. 그래서 그의 시를 읽을 때 시 속 감정과 체험을 통해 독자가 시인의 '삶'을 이해하게 된다. 이러한 시적 특성들을 다음 시에서 살펴보자.

    영화관 스크린에서나 봤던 깜빈을 학교 교실에서 만났다

    깡마른 몸 해진 잠바를 입고
    까만 피부에 초점이 흩어진 눈
    너덜너덜한 동화책을 읽을 때마다
    고래 이야기를 했다

    고래 등 타고 베트남으로 가고 싶다고

    깜빈은
    어둠을 지우고 싶을 때마다
    엄마가 알려준 숫자를 손가락으로 접으며 고래를 탄다고
    고래는 멈추지 않고 달려가 엄마를 만나게 해
    오줌 쌀 시간도 없는데

할머니가 흔들어 깨워
갑자기 엄마와 헤어지느라 고래 등을 놓쳤다고

축축해졌다고
―「깜빈」 전문

  이 시는 실향, 상실, 이별이라는 현실적 고통을 아이의 상상이라는 틀 속에 담아냈다. 시 속의 '고래'는 단지 바다 생물이 아니라 기억, 연결, 탈출, 그리고 희망의 상징으로 기능한다. 아이는 "고래 등 타고 베트남으로 가고 싶다"고 말하며, 현실에서 닿을 수 없는 어머니와의 재회를 상상 속 여행으로 그려낸다.

  어린 깜빈이 "엄마가 알려준 숫자를 손가락으로 접으며 고래를 탄다"고 말할 때, 이는 외부 세계의 불확실성에 대처하는 내면의 창조적 행위이다. 상상은 현실을 회피하는 것이 아니라 고통을 감내하는 방어기제이며, 동시에 자기 존재를 보존하는 수단이 된다. 시의 마지막 구절에서 '축축해졌다'는 짧은 문장은 이별의 실질적인 상처가 무심하게 흘러나오는 감정의 절정이다. 이처럼 시인은 이 극도의 감정을 함축적인 언어로 객관화하고 있다.

  이 시는 이산의 상처, 아이의 상상력 속 고래라는 도피처 그리고 그리움과 상실감을 은유적으로 그렸다. '고래를 탄다'라는 표현을 읽다보니 애틋하면서도 아름답다는 생각이 든다. 또한 '축축해졌다'는 구절은 말할 수 없는 슬픈 결말을 암시하면서도 절제된 감정으로 읽힌다.

정음관에 아침 빛 내리쬐면
어르신들 스마트 폰 활용법 배우러 와요

교수였던 분
건설회사 대표였던 분
미국 국적이라 회원 가입이 어려운 분
재테크 전문가로 통장마다 돈이 꽉꽉 차 있다는 분

정보가 유출될까 봐 전화만 받는다는 분에겐 들고나는 문을 잘 알아야 유출이 안 된다고 문을 알려주고요 젊은 사람처럼 스마트 폰으로 버스를 타고 싶어 하는 분에겐 예쁜 색깔의 삼성페이를 넣어 줘요

알려주는 정보를 노트에 깨알같이 적고 적어요
뒤돌아서면 노트만 남는대요

일 년 지나
스마트 폰으로 촬영한 영상을 편집해요
프레젠테이션으로 젊은 세종시를 홍보해요
사물인터넷으로 끄지 않고 나온 가스 불을 꺼요

어르신들 이제 스마트해졌어요
―「정음관」 전문

이 「정음관」은 정보화 사회에서 늦게 배움을 시작하는 어르신들의 이야기를 다루지만 단지 교육 프로그램의 풍

경을 묘사하는 시가 아니다. 이 시는 삶을 살아내는 방식, 배움에 대한 욕망, 인간 존엄의 회복에 대해 말하고 있다.

  이 시에서 시적 화자는 노년의 인물들이 "노트에 깨알같이 적고 적는다"고 반복하는 행동 속에서 지속적 자기 성찰과 시대와의 연결 욕망을 포착한다. 그리고 그것은 단지 기술 습득을 넘어서 삶을 다시 살아보려는 존재의 의지로 읽힌다. "뒤돌아서면 노트만 남는대요"라는 구절은 배움에 대한 열망과 동시에 기억과 육체의 한계를 절묘하게 포착한다. 여기에는 시간의 흐름과 인간의 노화라는 근원적인 존재 조건이 함축되어 있다. 이는 노년의 체험이 언어를 통해 보편적 공감을 이끌어내는 지점으로 해석된다.

  마지막 부분에서 "스마트폰으로 촬영한 영상을 편집해요/ 프레젠테이션으로 젊은 세종시를 홍보해요"라는 부분은 개인의 이야기가 다시 사회적 공간으로 확장되는 순간이다. 이 시는 '삶'의 표현이 결코 젊음의 전유물이 아니며 나이든 이들 또한 기술을 통해 새로운 정체성을 구성할 수 있음을 보여준다.

    마음속 헛간에
    영희 철이 미숙이랑 천렵했던 투망이 걸려 있다

    길거리 버스킹 연주를 보며 그날의 시냇물을 보았고
    바이올린 선율 따라 떼로 몰려다니는 송사리 떼를 만났다

    맑은 얼룩처럼

콘크리트댐에 수몰된 물소리 따라
흰머리가 늘어날수록 희미해져 가도 버리지도 잊지도 못할
그 시절

해 그림자 지도록 건설 현장 굴삭기로 굉음을 파다가
검은 눈동자에 해 그늘 길게 들어서면
추억의 투망을 던진다

첨벙첨벙
끊임없이 재잘대며
영희 철이 미숙이가 천렵을 한다

송사리 떼 사방으로 튀어
추억의 투망을 친다.
—「투망」전문

 이 시에서 시적 화자는 자신이 체험한 삶을 언어로 응축시켜 표현하고, 독자는 그 언어를 통해 그 삶을 다시 살아낸다. 시적 자아의 내면에는 '영희 철이 미숙이'와 함께 물놀이하던 어렸던 시절의 시간이 여전히 살아 있다. '마음속 헛간'은 단지 기억의 저장고가 아니라 삶의 일부가 여전히 정서적으로 작동하는 내면의 공간이다. 첫 구절인 "마음속 헛간에/ 영희 철이 미숙이랑 천렵했던 투망이 걸려 있다"라는 구절은 과거는 지나간 시간이 아니라, 여전히 '나'를 구성하는 정서적 구조물이다.

시적 자아가 '버스킹 연주'나 '바이올린 선율'을 듣고 송사리 떼를 떠올리는 장면은 감각의 자극이 감정의 기억을 불러내는 작용이다. 이 장면은 은유적이지만 동시에 감각적이다. "바이올린 선율 따라 떼로 몰려다니는 송사리 떼를 만났다"라는 구절은 실제로 송사리를 본 것이 아니라, 과거의 감정이 소리라는 매개를 통해 되살아난 것이다.

이 시의 중반부에서 현재의 삶과 과거의 기억이 교차하는 장면이 나온다. "건설 현장 굴삭기로 굉음을 파다가/ 검은 눈동자에 해 그늘 길게 들어서면"이라는 구절은 현실 노동의 거칠고 반복적인 일상 속에 스며드는 기억의 그림자를 묘사한다. 시적 화자는 단절된 과거가 아니라, 지금 이 순간 내 안에 여전히 살아 있는 시간을 향해 투망을 던진다. "추억의 투망을 던진다// 첨벙첨벙"에서 '던진다'는 동사는 과거의 기억을 수동적으로 받아들이는 것이 아니라 자발적으로 소환하고 재경험하는 능동적 행위를 의미한다. 이는 이 시가 갖는 실존적 힘, 곧 삶을 회복하는 언어로서의 시를 보여준다. "끊임없이 재잘대며"라는 구절에서 다시 물속에서 노는 아이들의 모습은 과거의 복원이 아니라 삶의 회복이다. 즉, 시적 자아는 기억을 상기함으로써 단지 옛날을 그리는 것이 아니라 삶의 정서적 진실을 다시 살아가고자 하는 의지를 표명하고 있다. 이 시의 마지막 구절인 "송사리 떼 사방으로 튀어/ 추억의 투망을 친다."는 단지 기억을 회상하는 것이 아니라 기억을 현존하게 만들고, 삶의 진실을 지금 이 순간 다시 체험하는 시적 동작이다.

이상과 같이 「깜빈」은 상실을, 「정음관」은 지속을, 「투망」은 회상을 통해 삶의 진실을 보여준다. 그의 시편들에는 시간과 사람, 상실과 회복, 어린 시절의 기억과 지금의 삶이 조용히 겹쳐져 있다. 진솔한 언어, 때론 위트 있게 감정을 짚는 표현이 인상적이고, 각 시가 짧은 영화 장면처럼 펼쳐진다. 이처럼 그의 시편들은 삶의 편린, 시간의 흐름, 감정의 파편들을 꺼내 보여준다. 이 시인은 단순한 묘사를 넘어서 체험을 언어로 응축해내며, 독자가 그 감정과 시간에 접속하게 만든다. 다음 시들도 이에서 크게 벗어나지 않는다.

시「비법」의 "그게 비법이라니/ 만 원 돌려달라고 할 뻔했다"라는 표현은 일상 속 허망함과 허탈한 기대의 붕괴를 드러내고, 소소한 일상의 정서적 반응이다. 이러한 감정의 표출이 삶의 진정한 경험으로 구성되고, 여기서 시적 자아는 자신만의 유머와 자조를 통해 살아가는 방식의 진실을 드러내기도 한다. 「비닐장판 위의 딱정벌레」는 무너지지 않는 청춘의 정서를 담아낸 듯하다. 긴 문장과 문장 부호 없는 전개가 혼란스러운 내면을 반영하면서도 마지막의 딱정벌레는 존재의 최소한의 연결고리이자 위안이 된다. 「두 귀」는 단순한 충고처럼 시작해 깊은 공감을 자아내는 시다. 사람의 말이 흉기가 될 수 있음을 정확히 짚었다. 마지막 구절 "귀를 만져 본다/ 두 개 다 붙어 있다"는 유머와 위로가 섞인 참신한 마무리다.

6. 상처와 회복을 담은 삶의 시학

이은숙 시인의 시적 출발은 '체험'이다. 그러나 그것은 단순한 회고가 아니다. 살아내고 견뎌낸 체험이 시인의 언어를 통해 정제되며, 자기 이해의 방식이자 감정 해석의 장이 된다. 그의 시에서 핵심은 감정의 언어화에 있다. 말할 수 없었던 것, 감추어졌던 고통, 잊힌 관계를 다시 끌어내어 언어로 복원하고 회복한다. 이 회복의 언어는 꾸며지지 않았기에 더 진실하다. 시인은 시어를 꾸미거나 현학적인 언어를 사용하지 않는다. 대신 생활 언어로 감정을 정직하게 기록하며, 고통조차 삶의 일부로 포용한다. 시집 전체는 하나의 큰 질문으로 귀결된다. "당신도 이런 감정을 겪었나요?" 그 질문은 곧 타자와의 연결이며, 언어를 통해 세계와 다시 이어지는 길이다. 그러므로 이은숙 시인의 시는 단지 체험의 기록이 아니라, 고통 속에서 길어 올린 언어의 윤리이자, 삶의 해석학이다.

　이 시집은 가부장제 사회 속에서 여성으로 살아온 고단한 생의 서사를 사실적 언어로 풀어내기도 한다. 이러한 시편들은 가정과 시댁, 결혼과 출산, 노동과 관계의 균열을 견뎌온 여성 화자의 삶을 통해, 한국 사회의 한 단면을 압축적으로 보여준다. 이러한 시편들에 가부장제 질서와 그 안에서의 여성의 자리, 무게, 침묵, 그리고 때때로 터지는 분노와 회한을 진솔하게 담는다. 또한 이 시집은 기억의 시학이다. 시인은 어린 시절의 장면, 부모에 대한 회상, 자식과의 관계를 통해 세대를 관통하는 감정의 전이와 소환을 보여준다. 체험은 사라지는 것이 아니라 언어를 통해 재구성되고, 감정의 심층 구조에 연결된다. 그의 시는 그 어떤 철학적 관념보다도 '감각'과 '정서'의 언어에

충실하다.

  이은숙 시인의 시는 형식적으로는 자유롭고 언어는 구어에 가깝다. 시어의 장식을 피하고 생활어로 감정을 표현하면서 시는 오히려 강한 진실성과 구체성을 획득한다. 단지 고통을 증언하는 시집이 아니다. 시인은 체험을 말함으로써 감정을 이해하고, 자기 삶을 다시 바라보며, 해석의 주체가 된다. 이 시집에 나오는 '엄마', '며느리', '아내'는 결코 희생의 대상으로만 그려지지 않는다. 그들은 자신의 언어로 자기 이야기를 하고, 그것을 통해 삶을 해석하고자 한다. 그의 시는 일상을 기록하며 그것을 존재의 언어로 바꾼다. 그는 말할 수 없었던 것들을 시로 말하고, 말하지 않았던 감정을 시어로 조용히 건넨다. 그의 시는 어떤 문학적 과장 없이도 뼈에 닿는다. 살아 있는 이들의 언어이기 때문이다.

  이은숙 시인의 시는 감정의 '날것'이다. 꾸며내지 않고, 과장하지 않고, 자신의 언어로 삶을 꿰뚫는다. 고통 속에서도 연민을 놓지 않고, 무너짐 속에서도 다시 한 줄의 언어를 붙잡는다. 시집 『내 안에 자갈이 굴러』는 한 여성 시인의 내면과 외면, 기억과 현실, 상처와 회복을 담은 '삶의 시학'이다. 그의 시를 읽으며 우리는 비단 그이의 삶뿐만 아니라 나의 어머니, 나의 가족, 나 자신의 내면을 마주하게 된다. 이것이 시의 힘이 아니고 무엇이겠는가. 이은숙 시인의 시는 말한다. "당신도 이런 감정을 겪었나요?" 이 물음 앞에서 고개를 끄덕이며, 우리는 함께 시인의 세계를 걷는다.

이은숙

이은숙 시인은 청주 미원에서 태어나 대학원에서 한국어를 전공했으며, 세종시교육청에서 다문화 아이들을 지도하고 있다. 2014년 『서정문학』 신인상을 받으며 작품 활동을 시작했고, 2021년에는 세종시문화재단의 창작 지원을 받아 시집 『그 여자, 캄캄한 달빛』을 발간했다. 현재 세종문학과 세종시마루에서 활동 중이다.

이메일   nrles10@daum.net

이은숙 시집
내 안에 자갈이 굴러

발 행	2025년 9월 5일
지 은 이	이은숙
펴 낸 이	반송림
편집디자인	반송림
펴 낸 곳	도서출판 지혜, 계간시전문지 애지
기획위원	반경환
주 소	34624 대전광역시 동구 태전로 57, 2층 도서출판 지혜
전 화	042-625-1140
팩 스	042-627-1140
전자우편	eji@ji-hye.com
	ejisarang@hanmail.net
애지카페	cafe.daum.net/ejiliterature

ISBN   979-11-5728-585-3   03810
값   12,000원

이 책의 판권은 지은이와 도서출판 지혜에 있습니다.
양측의 서면 동의 없는 무단전재 및 복제를 금합니다.

* 이 책은 한국예술인복지재단 후원으로 발간되었습니다.